W0215249

Oliver Franke

FEHMARN

lütt

Wachholtz

Für

....

von

....

„Ocker, blau, grün sind die Farben von Fehmarn, wunder-volle Küstenbildung, manchmal von Südseereichtum."

Ernst Ludwig Kirchner

Im Südosten der Insel Fehmarn lädt die urwüchsige Steilküste Staberhuk, die einst den Expressionisten Ernst Ludwig Kirchner zu seinen Werken inspirierte, zu ausgedehnten Spaziergängen ein.

„Nur wer seinen
eigenen Weg geht,
kann von niemandem
überholt werden."
Marlon Brando

Gut geschützt am Burger Binnensee lässt sich im Jachthafen das bunte Treiben beobachten. Nur wenige Gehminuten entfernt, wartet mit dem Südstrand Burgtiefe einer der schönsten Strände und das touristische Zentrum Fehmarns.

„AUSDAUER wird früher
oder später belohnt –
meistens aber später."
Wilhelm Busch

„ES GIBT WICHTIGERES IM LEBEN, ALS BESTÄNDIG DESSEN GESCHWINDIGKEIT ZU ERHÖHEN."

Mahatma Gandhi

Der moderne Jachthafen Burgtiefe mit seinen 600 Liegeplätzen, Bootsvermietung und abwechslungsreicher Promenade bietet alles, was das Seglerherz begehrt.

„Nicht Stillstehen,
nicht Fortgehen,
nur BEWEGUNG
ist der Zweck
des Lebens."

Friedrich Hebbel

Die Graupenmühle „Jachen Flünk"
in Lemkenhafen wurde 1787 erbaut.
Die komplett erhaltene, noch mit Windsegeln
funktionstüchtige Mühle ist der Öffentlichkeit als Museum zugänglich.

BUR 18

„TRADITION KANN NICHT VERERBT WERDEN. WER SIE HABEN MÖCHTE, MUSS SIE MÜHEVOLL SELBST ERWERBEN."

T. S. Eliot

Vor Sonnenaufgang und bei Wind und Wetter fahren die Fischer auf die Ostsee hinaus. Der fangfrische Fisch wird anschließend im Erlebnishafen Burgstaaken direkt vom Kutter verkauft.

Nahe des Flügger Leuchtturms spielte Jimi Hendrix am 6. September 1970 während des Love-and-Peace-Festivals Fehmarn sein letztes Konzert. Seit 1997 erinnert ein Gedenkstein am Strand an seinen großen Auftritt.

„Die Geschichte des Lebens
ist schneller als ein Augenblick.
Die Geschichte der Liebe
ist ein Hallo und auf Wiedersehen,
bis wir uns wieder treffen."
Jimi Hendrix

„GLAUBE
BERUHT
AUF URSACHEN,
NICHT AUF
GRÜNDEN."

Wilhelm Busch

Die sehenswerte Backsteinkirche St. Nikolai in Burg, dem Hauptort Fehmarns, wurde zwischen 1230 und 1250 erbaut und zählt zu den ältesten Kirchen der Ostseeinsel.

„ALLES,
WAS DIE NATUR
SELBST ANORDNET,
IST ZU IRGENDEINER
ABSICHT GUT."

Immanuel Kant

„Die Stimmung, die von der Baukunst ausgeht,
kommt dem Effekt der Musik nahe."
Johann Wolfgang von Goethe

Seit dem 30. April 1963 verbindet die Fehmarnsundbrücke den Süden der Insel mit dem schleswig-holsteinischen Festland. Aufgrund ihrer markanten Form wird das Wahrzeichen Fehmarns im Volksmund liebevoll „Kleiderbügel" genannt.

223
MC

„Wo die Geselligkeit Unterhaltung findet, ist sie zu Hause."

Johann Wolfgang von Goethe

Die „360 Grad Bar" am Südstrand mit großer Dachterrasse und traumhaftem Blick über die Ostsee ist ein beliebter Treffpunkt für Jung und Alt.

Von der kleinen Hafensiedlung Orth führt ein ruhiger Wanderweg den Deich entlang zum Flügger Leuchtturm. Der 37,5 Meter hohe Turm ist von April bis Oktober zu besichtigen – bei klarem Wetter genießt man von dort eine herrliche Aussicht bis nach Dänemark.

„ZEIT, DIE WIR UNS NEHMEN, IST ZEIT, DIE UNS ETWAS GIBT."
Ernst Ferstl

„Boule ist die schönste Art, einen Nachmittag zu vertrödeln."

Papazian

Boule-Begeisterte erwartet in Burgstaaken mit Blick auf den Burger Binnensee eine öffentliche, barrierefreie Fläche mit vier Spielbahnen.

„Bäume sind
die schönste
Verbindung
zwischen Erde
und Himmel."

Hermann Lahm

Die charmante „Inselhauptstadt" Burg im Südosten Fehmarns lockt mit kleinen Gassen, hübschen Altstadthäusern und beschaulichem Flair.

„Das Glück
ist das einzige,
was sich
verdoppelt,
wenn man es
teilt."

Albert Schweitzer

„DAS MEER
IST DER LETZTE FREIE ORT
AUF DER WELT."
Ernest Hemingway

Aufgrund ihrer Lage und der optimalen
Windverhältnisse ist die Insel Fehmarn
weit über die Grenzen Norddeutschlands
als Mekka für Surfer bekannt.

„DASS LEBEN IST WIE
FAHRRAD FAHREN.
UM DIE BALANCE ZU HALTEN,
MUSST DU IN
BEWEGUNG BLEIBEN."

Albert Einstein

Fehmarn mit seinen insgesamt rund 300 Kilometern ausgeschilderten Radwegen, oftmals direkt an der Küste oder auf dem Deich entlang, ist ein Paradies für Radfahrer.

„JE WENIGER DU BRAUCHST, DESTO MEHR HAST DU."

Janosch

Die rund 80 Kilometer lange Küstenlinie Fehmarns bietet feine Sandstrände, einsame Naturstrände und ursprüngliche Steilufer.

„Toren besuchen
im fremden Land
die Museen,
Weise gehen in
die Tavernen."

Erich Kästner

Historische Bürgerhäuser mit kleinen Cafés und schattigen Plätzen säumen den Marktplatz in Burg und laden zum Verweilen ein.

„VON ALLEN WEGEN, DIE DU IN DEINEM LEBEN WÄHLST, STELLE SICHER, DASS EINIGE VON IHNEN UNBEFESTIGT SIND."

John Muir

Schöne Wanderwege an weiten Feldern und bunten Wiesen vorbei durchkreuzen die Insel. Von Puttgarden bis Fehmarnsund führt eine Teilstrecke des Pilgerwegs „Via Scandinavica".

Orth, an drei Seiten von Wasser umgeben, ist ein Paradies für Wassersportler. Im Plattdeutschen bedeutet der Name „Spitze" oder „Landvorsprung".

„JEDER MUSS
DEM ANDEREN HELFEN.
DAS IST DIE EINZIGE FREIHEIT,
DIE WIR HABEN."
Lord Yehudi Menuhin

„WENN WIR KEINEN WINTER HÄTTEN, WÄRE DER FRÜHLING NICHT SO ANGENEHM."

Anne Bradstreet

Wachholtz

© 2020 Wachholtz Verlag, Kiel/Hamburg

Das Werk, einschließlich aller seiner Teile, ist urheberrechtlich geschützt.
Jede Verwertung ist ohne Zustimmung des Verlages unzulässig.
Das gilt insbesondere für Vervielfältigungen, Übersetzungen, Mikroverfilmungen
und die Einspeicherung und Verarbeitung in elektronischen Systemen.

Fotografien: Oliver Franke, Kiel
Text und Gestaltung: Strandgut/Judith Leysner und Tim Schacht, Kiel
Kooperationspartner: Tourismus-Service Fehmarn
Gesamtherstellung: Wachholtz Verlag

ISBN 978-3-529-05141-8

Besuchen Sie uns im Internet: www.wachholtz-verlag.de